流淌的中华文明史

五千年的服饰

杜 莹◎编著 朝画夕食◎绘

四川少年儿童出版社

图书在版编目（CIP）数据

流淌的中华文明史.五千年的服饰/杜莹编著；朝
画夕食绘. -- 成都：四川少年儿童出版社, 2024.9.
ISBN 978-7-5728-1611-6

Ⅰ.K203-49；TS941.12-49

中国国家版本馆CIP数据核字第2024P55B66号

出版人：余 兰

编 著：杜 莹

绘 者：朝画夕食

项目统筹：高海潮 周翊安

责任编辑：何明静

封面设计：张 雪 汪丽华

插画设计：夏琳娜 赵 欣 马 露

美术编辑：荀雪梅

责任印制：李 欣

LIUTANG DE ZHONGHUA WENMINGSHI WUQIANNIAN DE FUSHI

书 名：流淌的中华文明史 五千年的服饰

出 版：四川少年儿童出版社

地 址：成都市锦江区三色路238号

网 址：http://www.sccph.com.cn

网 店：http://scsnetcbs.tmall.com

经 销：新华书店

印 刷：成都新恒川印务有限公司

成品尺寸：203mm×203mm

开 本：20

印 张：5

字 数：100千

版 次：2024年10月第1版

印 次：2024年10月第1次印刷

书 号：ISBN 978-7-5728-1611-6

定 价：25.00元

你知道吗？

翠柏路小学五年级学生

姓名： 夏小满

身份： 问题研究所所长

个性： 热爱历史，对万事万物充满好奇心。

口头禅： 你知道吗？

最大的愿望： 发明时空门，穿越回古代，亲眼看看那些历史名人是不是和书本上画的一样。

为什么呢？

夏小满的同桌和邻居

姓名： 王大力

身份： 问题研究所首席研究员

个性： 热衷考古和品尝各地美食。

口头禅： 为什么呢？这到底是为什么呢？

最大的愿望： 守护、传承中华文明，探寻历史长河里所有有趣好玩的故事。

古代的中国人穿什么呢?

这真是一个有趣的问题。

皇帝和大臣会有自己专属的衣服吗?

古人可以想穿什么颜色的衣服,就穿什么颜色的衣服吗?

古代女子的裙子款式有多别致呢?

古人也喜欢戴帽子吗?

……

他们的衣柜里到底有些什么服饰呢?

快跟着问题研究所的小满和大力去打开古人的衣柜吧!

目录

戴在脑袋上的珠帘 —— 冕冠 / 01

大队长，中队长，小队长 —— 进贤冠 / 05

皇帝衣柜中心位的大牌 —— 冕服 / 09

"遮羞布"的晋级之旅 —— 蔽膝 / 13

身高不够，帽子来凑 —— 顾姑冠 / 17

帽子上的直尺 —— 直脚幞头 / 21

额头上的吸汗巾？ —— 抹额 / 25

关我们马儿什么事 —— 马面裙 / 29

要威风也要帅气 —— 马褂 / 33

一起包个大粽子 —— 曲裾 / 37

请出示您的有效证件 —— 鱼符 / 41

关于裤子的前世今生 —— 合裆裤 / 45

衣服上的神兽们 —— 明代官员的赐服 / 49

瞧，一个大补丁 —— 明代补服 / 53

短暂的时尚 —— 胡帽 / 57

脑袋上的"大辣翅" —— 大拉翅 / 61

满族女子的高跟鞋 —— 花盆底鞋 / 65

明代皇帝的兔耳帽 —— 翼善冠 / 69

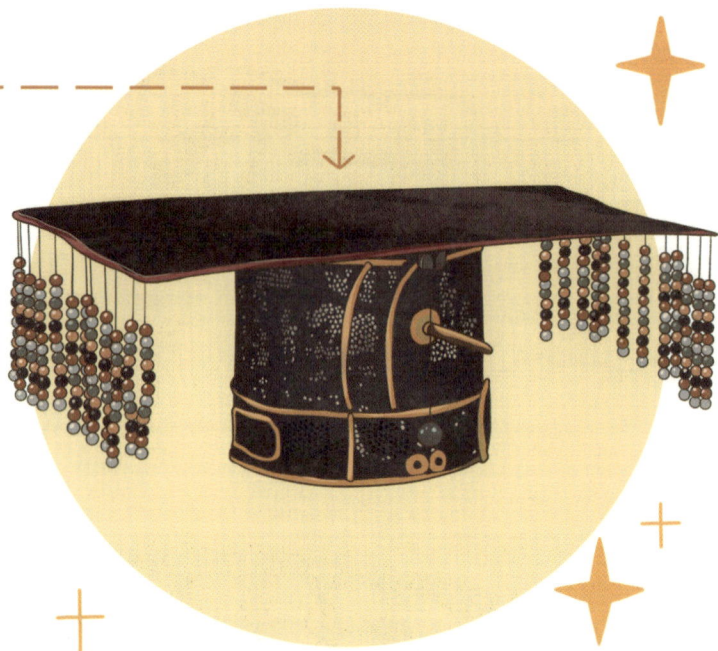

流行年代：

始于周代

冕冠被废，以朝冠代之

周代　　　　　清代

　　冕冠是一种顶上有木板的冠帽，是我国古代最尊贵的礼冠。

　　这块长形的木板叫"綖"(yán)，前圆后方，用布帛包裹起来，上面是黑色的，下面是红色的。

哇呜！

像个跷跷板。

长形木板为什么是前低后高的呢？

据说是为了警示戴冕冠的人，虽然身份高贵，但也要谦卑恭让，关怀百姓。

让你趾高气扬！

纽

玉笄
jì

两边的小孔是用来干吗的呢？

小孔叫作"纽"，戴冕冠的时候用一根长长的玉笄
jì
穿过发髻，帮助固定发髻。

垂下来的两个小球是什么呢？

这叫"充耳"，寓意戴冕冠的人要自觉
nìng
过滤那些奸佞妄言。成语"充耳不闻"就是
由此引申而出的。

充耳

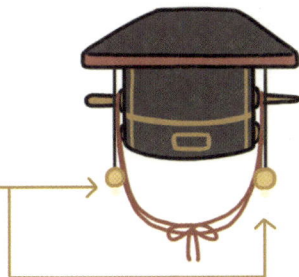

学到一个
新成语！

？ 珠子是用什么做的呢？

一般是用玉做的。

走路的时候眼前这么多珠子晃来晃去，很容易看不清路啊。

珠子垂在眼前，会挡住部分视线，据说是为了提醒戴冕冠的人不要只关注周围的事情，要洞察大体。成语"视而不见"便由此演绎而来。

你知道吗？

冕冠上有多少颗珠子呢？

最高等级的冕冠前后各有12串，每串有12颗珠子，这种玉串就叫"旒（liú）"。周天子的冕冠上用五彩（青、赤、黄、白、黑）丝线串了五彩玉珠。随着等级的降低，冕冠的串数和珠子数量都会相应减少。但后来旒只限于帝王佩戴，于是冕冠也就成了帝王的象征。

×12

天子戴的东西果然很讲究哦！

（梁冠）

流行年代： 汉代　明代

进贤冠是我国服装史上影响较为深远的一种冠式。进贤冠通常以铁丝、细纱为材料，整个冠前高后低，冠上缀梁。进贤冠一般戴在帻 zé 上。

我国汉代士以上阶层的男子在 二十岁 的时候会举行冠礼。这是他们一生中的重要仪式，表示他们已经是成年人了，人们也会按照大人的礼仪来对待和要求他们了。

进贤冠看起来真帅气！

进贤冠在汉代最为流行，无论是达官显贵、芝麻绿豆的小官，还是普通的读书人都会戴这种冠。

大

小

大官小官都戴一样的冠吗？

虽然他们戴的都叫进贤冠，但是品级不同，冠上的梁的数量也不同。

三梁

公侯

二梁

俸禄在二千石(dàn)以下的官员至博士

一梁

我要继续努力了！

博士以下至小吏、私学弟子

哇，那就可以直接从帽子看出他们谁的官比较大了！

后来，进贤冠改了形制，增加了梁数。到了明代，进贤冠改称为"梁冠"。

一品七梁	▶	二品六梁	▶	三品五梁

五品三梁	◀	四品四梁

六品、七品二梁	▶	八品、九品一梁

看来进贤冠的"基因"没有变哦。

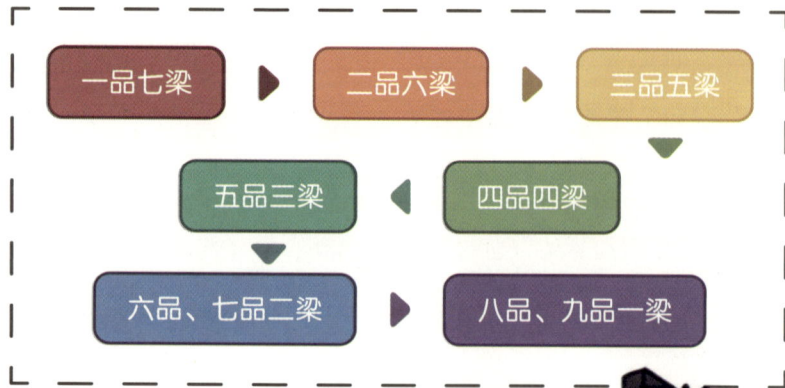

我们都是一条杠的。

你知道吗？

进贤冠是汉代文职人员所佩戴的，那么武将们佩戴什么冠呢？

汉代的武将们戴的叫"武冠"，也叫"武弁(biàn)大冠"。有一些武将还会将鹖(hé)尾插在冠上，象征着勇敢。

咱们习武之人，就得戴这么威风的帽子！

流行年代：

夏商	周代		明代	清代
已经存在	冕服制度确立	成为皇室成员专属	冕服制度被废	

相传冕服起源于黄帝时代，可以算得上是传承时间最长的一种古代服装了。

在商代的甲骨文中就有"冕"的象形文字，在西周的青铜器上也有很多关于冕服的铭文。

我们都是证人！

冕服通常是古代贵族阶层参加祭祀活动时穿的礼服，平时上朝议事的时候是不穿冕服的。很多电视剧里皇帝戴着冕冠，穿着冕服坐在宝座上和大臣们商议政事，这明显是大错特错了。

导演

好吧，是我没文化了。

明代之前，哪些人能穿冕服呢？

冕服象征着等级和身份，所以普通老百姓是没资格穿的。只有贵族阶层才有资格穿冕服，不过身份不同所穿的冕服也不同。

皇帝

我的当然是最高级的。

诸侯

哼

我排在天子后面。

公卿

我是成功人士的代表。

我不争

士大夫

自知之明

我排最后，我排最后。

对于天子而言，他要根据祭祀活动的重要程度以及不同的祭祀活动穿相应的冕服。大臣们根据天子的服装搭配，再确定自己穿什么样的冕服。

朕的衣帽间！

你知道吗？

根据等级的不同，冕服也有不同的花纹图案，但是所有冕服的颜色是一样的，你知道冕服的配色吗？

冕服大多都是玄衣纁裳。因为古人认为天玄地黄，所以上衣是黑色的，象征神秘莫测的天宇；下裳是赤红色偏微黄一些的，象征孕育万物的土地。

黑

红

这个配色，一看就很高级！

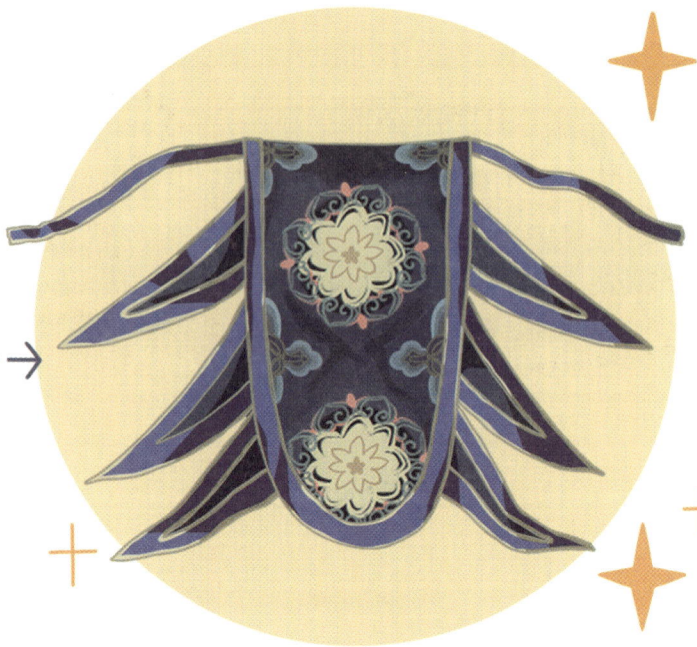

后期变为装饰物

🗒 **流行年代**：

原始

看什么看！

蔽膝又叫"黻""韠"，起源于一种非常
古老的服饰。原始人以渔猎为生，常常用兽皮
或者树叶遮挡在身前，这一条遮挡之物发展到
后面就是蔽膝。

"蔽膝"的"蔽"就是遮挡的意思，因为大多会垂到膝盖的位置，遮住大腿至膝盖的部位，所以就叫"蔽膝"。

蔽膝的具体尺寸是多少呢？

《礼记》中记载，蔽膝是上窄下宽的形状，上面长一尺，下面长二尺，高三尺。

该我数学老师出马了！

这是要求梯形的面积吗？

一尺

三尺

二尺

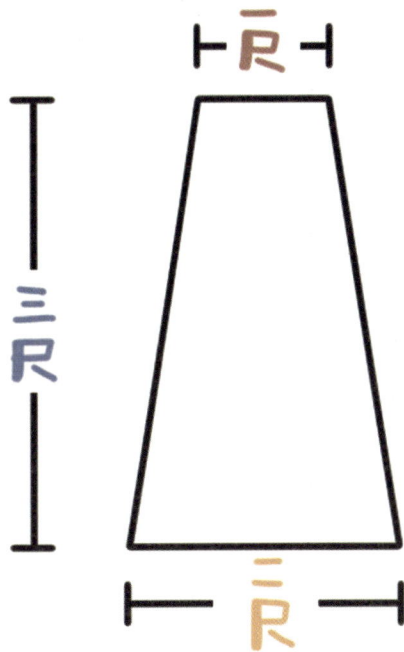

* 汉代一尺约为 23 厘米。

向古人的古人致敬！

随着服饰不断地发展完善，人们已经能将身体很好地遮蔽起来了，蔽膝其实没有多大的实用功能，但是古人仍然在礼服中保留了相似形状的蔽膝，以体现对上古服制的承袭。

你知道吗？

蔽膝的颜色有讲究吗？

蔽膝作为礼服上的装饰，要与冕服搭配呢。天子的蔽膝原本都是朱红色的，后来经过几次冕服制度的变化，下裳改成黄色的，所以蔽膝也改为黄色的。

古人也很注重穿衣搭配呢！

流行年代：

元代　明代

咕咕咕。

顾姑冠也称"姑姑冠"，主要是古代蒙古族已婚妇女戴的冠帽。

一开始，蒙古族的女子都会佩戴这种防风、保暖的帽子。随着时间的推移，贵族女子把顾姑冠装饰得越来越华丽，后来顾姑冠就成为元代蒙古族贵族妇女专用的一种 礼冠 了。

这么高的顾姑冠是用什么做的呢？

用锦缎、绒绢进行包裹。
duàn

一般会以铁丝、桦木或者柳枝为骨架。
huà

根据身份、地位的差别，用不同的珠花、绒球、宝石等来装饰顾姑冠。

顾姑冠作为元代的典型服饰，戴在头上又特别显眼，所以贵族妇女们都争相将各种贵重的珍珠、松石、翡翠、琥珀等珠宝和漂亮的羽毛装饰在上面，以彰显自己的地位和实力。

姐姐，天天顶着花瓶走路不累吗？

给个白眼自行体会

特别的寓意吗？

顾姑冠有什么

早期顾姑冠象征着女子贤惠、坚强。而且，顾姑冠一般是已婚女子才会佩戴的，蒙古族女子不会在其他男子面前脱下顾姑冠，只有女子的丈夫才能见到女子脱下顾姑冠后的样子。到了后期，顾姑冠更多是作为贵族已婚妇女的配饰，起到体现身份地位的作用。

你知道吗？

顾姑冠可以互相借用吗？

不可以哟。戴顾姑冠是蒙古族的传统礼俗之一，是神圣的，因此禁止外人触摸它，尤其是男子对它的触摸。随意触摸对戴冠者来说可是一种非常不礼貌、不尊敬的行为哦。

别在这种时候有好奇心啊！

伸——

帽子上的直尺

直脚幞头 fú

流行年代 ：

宋代　　　元代

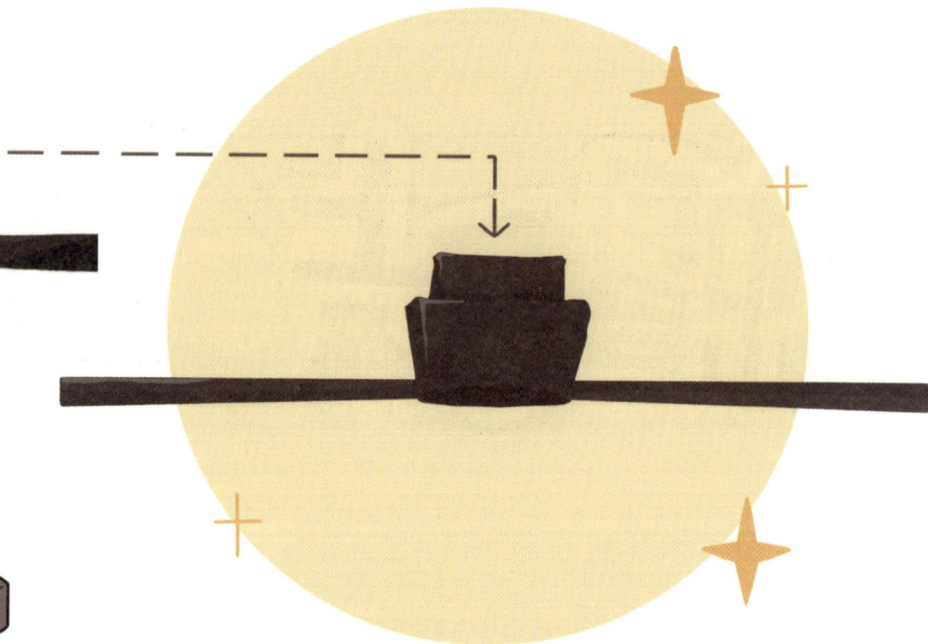

直脚幞头是宋代的官帽，上至皇帝下至朝臣都会佩戴。

直脚幞头用铁丝或者竹篾做成两脚的支架，向左右伸展开来，又长又平，并蒙上黑色的纱，像两把直尺。

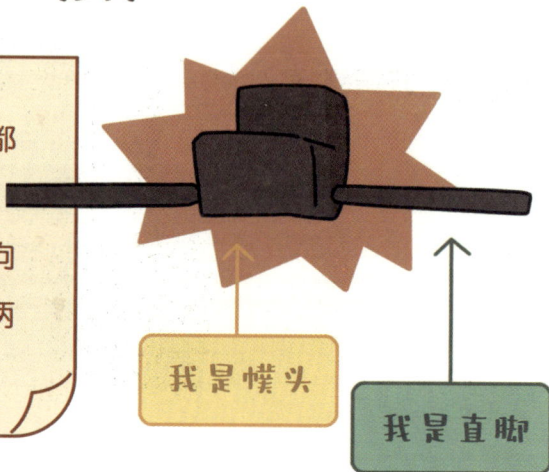

miè

我是幞头

我是直脚

为什么这么长呢？

宋代直脚幞头的两个「脚」

据说是因为宋代的开国皇帝赵匡胤(yìn)。

有一次在朝堂上，赵匡胤发现底下的大臣们有低声议论的坏毛病。他对这种交头接耳的行为极为不满，因此就下令将直脚幞头的两"脚"加长。这样一来，大臣们想要小声议论就变得困难了，官帽之间一靠近就会"打架"，从而杜绝了朝堂之上官员私自议论的行为。

*'×%^…
8#-.C$0+

你讲的啥，我听不到。

免费提供
手机通话业务

啊，它断了？

莫慌
莫慌

直脚幞头的两个直脚造型简洁，既平直又对称，非常符合宋代人的审美呢。而且，直脚并没有固定在幞头上，是可以随时装卸的。

你知道吗？

幞头只有直脚的吗？

不是哦。除了直脚幞头，宋代还有其他各种样式的幞头。

交脚

朝天

无脚

局脚

额头上的吸汗巾？

抹额

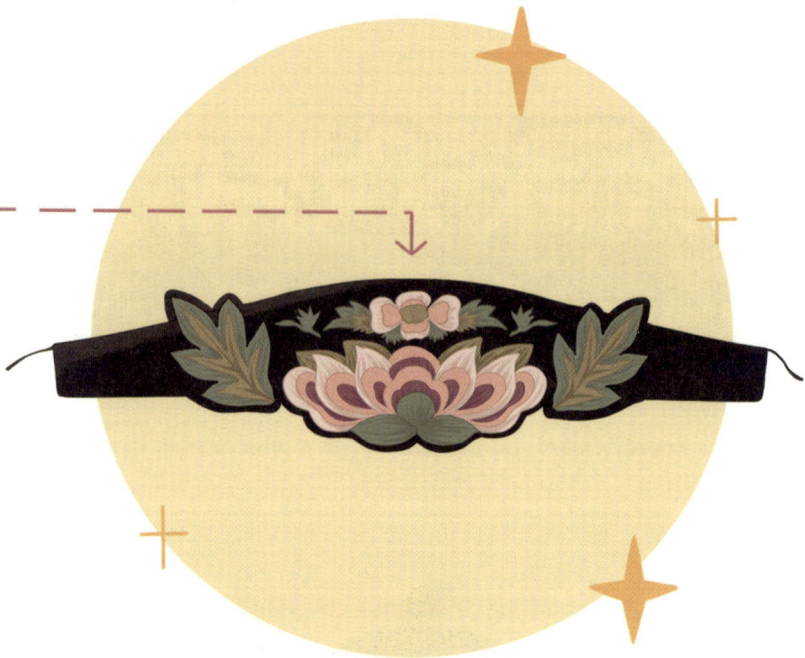

抹额是中国古人戴在额上的一种服饰，通常是长条形的。抹额一般用布帛制成，也有用兽皮、金属制成的。

讨厌

金属制成的？

佩戴吗？抹额是只有女子才能

→

抹额是男女通用的哦！

帅气加倍

美丽加倍

抹额有什么作用呢？

早期	秦汉	唐代的部分抹额	明清时期
实用为主	军队仪仗	统一标识	装饰打扮
束发、吸汗、保暖。	将士佩戴，用作部队标识。	一些仪仗的将士和乐者、舞者按规定需要佩戴抹额。	使用鲜艳的绢帛，配上精美的刺绣和珍贵的珠宝，在礼仪服饰和日常服饰上都会搭配这样的抹额。

威武

这说的是有钱人吧！

团队作战比较适合我。

抹额通常还会搭配巾帽或者其他饰品使用，单独使用的情况相对较少。

你知道吗？

抹额有哪些形状呢？

抹额的形状各种各样，主要有四种：中间宽两边窄的梭形；两边上翘的波浪形；中间细长，两边稍宽并逐渐变尖的哑铃形；中间窄两边宽的八字形。

梭 形

哑 铃 形

波 浪 形

八 字 形

08

关我们马儿什么事???

马面裙

我的马面精妙绝伦!

我的马面才是惊艳四座。

这是在夸我?

流行年代：

明代　清代　民国　现代

马面裙是中国古代汉族女子的主要裙式之一，我们常常能在关于明代、清代甚至民国时期的影视剧里看到马面裙的身影。

最近又开始流行马面裙了呢！

什么时候才会流行牛面裙？

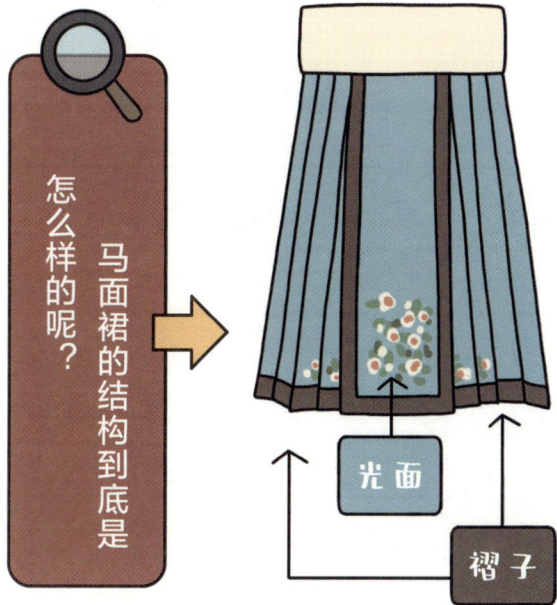

怎么样的呢？马面裙的结构到底是

光面

褶子

马面裙就是正面看过去有一个光面，两侧打上褶子的裙子。那个宽宽的不打褶子的光面就叫"马面"。马面裙是前后对称的，前面有个光面，后面也有个光面。

那马面裙一共有几个马面（光面）呢？

马面裙是将两块布重叠缝在一起的，每块布都是两头光面，中间打褶，正前方和正后方的光面进行重叠。

担心走光

哇哦，这是一条会漏风的裙子啊。

2个

4个

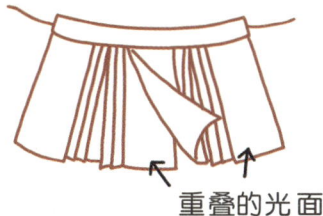

重叠的光面

这前后漏风的裙子真的会走光吗？其实完全不用担心，因为古人的裙子里还有裤子啊，裤子里面还有裤子……

墙台

哼，居然不是因为我！

你知道吗？

马面裙和马儿有关系吗？

有一种观点认为，马面裙和马儿没有一丁点儿关系，而是与城墙建筑中一个突出的结构——马面有关。马面也叫"墙台"，是城墙上非常重要的防御设施。马面裙的构造与马面类似，因此得名。

09

要威风也要帅气

马褂

流行年代：清代　民国　现代

马褂是罩在袍服外面的短外套，无论男女都可以穿，只是款式有些区别。马褂的袖子比较短，里面的窄袖可以露出来。

好时尚的短外套！想拥有！

清初，一般都是军营士兵的穿着。

只有八旗士兵才可以穿！

康熙时期，富家子弟中有人也开始穿马褂了。

雍正后期，马褂已经成为流行服饰。

潮  流

清末，内穿长袍或长衫、外套马褂是社会公认的"正装"装束。

民国，马褂被列为礼服之一。

身价++

前辈好哦。

马褂的基本样式有哪些呢？

对襟马褂 (jīn)

大襟马褂

琵琶襟马褂

好耀眼的黄色啊！

你知道吗？

　　马褂可以有各种颜色，但唯有一种颜色，不能随便乱穿。你知道是什么颜色吗？

　　就是黄色。黄马褂在清代服饰中的地位相当特殊，除了皇帝，只有三类人可以穿：皇帝出门时，跟随的内大臣和御前侍卫；皇帝举行围猎时，中靶或获猎较多者；有功之臣，皇帝也会赏赐黄马褂。

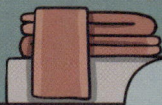

流行年代：

周代　　　　　秦代　汉代　　　三国

曲裾是古代汉服中非常流行的款式，曲裾的衣襟很长，看着像个大三角，缠绕包裹身体，然后在腰部系上带子。曲裾的下摆成喇叭形，裙摆一般能盖住脚面，女子婀娜(ē nuó)的身姿淋漓尽致地展现出来了。

哇哦，紧身衣啊!

后来在曲裾的基础上又发展出了绕襟深衣，衣襟被接得很长很长，穿在身上可以缠绕好几圈，然后再用带子固定，每道花边都显露在外，看起来别有韵味。

←花边

有异曲同工之妙哦！

为什么要发明曲裾这样的衣服呢？

因为汉族服饰最初没有连裆的罩裤，曲裾的下摆紧窄，一方面起到保护作用，一方面也合乎礼法。

没有裤子？！

裤子最早是由游牧民族发明的。

因为我们要常常骑马呢。

那倒是，没穿裤子得把屁股磨破了。

汉代时，有裆的裤子开始流传到民间。

终于不漏风了。

你知道吗？

曲裾只能女子穿吗？

汉代绕襟深衣不仅是女服中最为常见的一种服式，男子也可穿。

爱美之心人皆有之！

00男女同款

216

S M L XL 2XL

★（收藏）

购买　购物车

没想到还是男女同款呢。

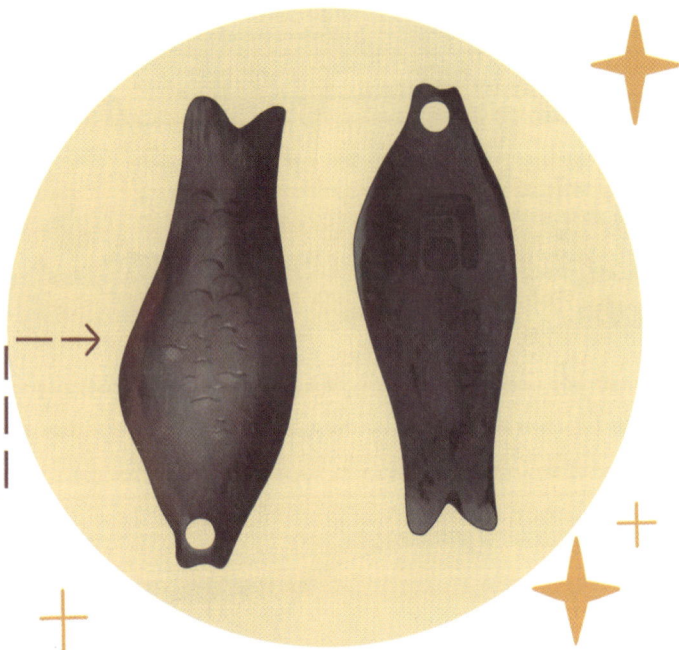

流行年代：

隋唐　　　　　　宋代

终于是有身份证的人了。

鱼符是隋唐时期朝廷颁发给官吏的鱼形符信，有点类似我们现在的身份证。正因为做成鱼的样子，所以被称为"鱼符"。

这是我送你的「猪」福。

唐代鱼符分成左右两片，中间一般会刻有凹凸的"同"字，是五品以上的京官才能拥有的"身份证"。一片配鱼袋，官员需随身携带，一片在朝廷存放。如果两片的"同"字能准确对上，就证明身份符合无误，这是官员升迁或者出入宫廷的凭证。

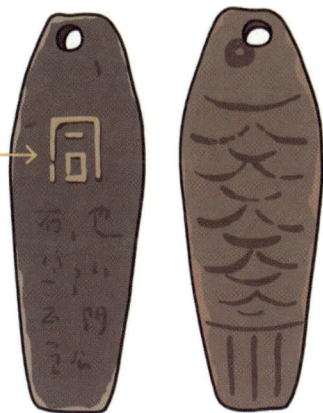

鱼符和虎符有关吗？

不可以用祖父的名字，我们换成鱼吧！

好孝顺呀！

鱼符是从虎符发展而来的，虎符是古时候的兵符，主要用来调兵遣将。到了唐代，鱼符全面取代了虎符。

因为唐代开国皇帝李渊的祖父叫李虎，名字中带有"虎"字，为了避讳，李渊就下令废除虎符改用鱼符。

拜拜，我走了。

我来啦！

你知道吗？

在女皇武则天执政时期，鱼符又发生了改变，你知道变成了什么动物吗？

在武则天执政时期，鱼符被改成了龟符。为什么发生了这样的改变呢？有一本书里是这样解释的：武则天姓武，我们古代神兽龟蛇又叫玄武，刚好也有一个"武"字，所以就把鱼符改成了龟符。

流行年代： 战国以后传入中原

战国

在合裆裤出现以前，人们就已经穿裤子了，那时的裤子叫作"胫衣"。胫就是指小腿，所以 胫衣 主要是为了保护小腿，外面还要穿外套遮盖，行动十分不便。

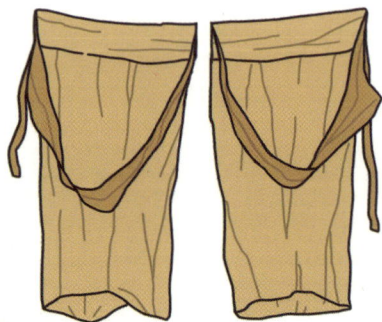

好像背带裤啊！

除了胫衣，还有开裆裤。

哈哈哈，这不是我们小时候穿的裤子吗？

合裆裤呢？那什么时候人们才穿上合裆裤呢？

我国最早穿合裆裤的是游牧民族。因为他们经常骑马，所以都穿着有裆的裤子。

骑着马儿来打仗。

快逃！

他们的骑兵又来啦。

中原地区最早开始穿合裆裤的是战国时期的赵国。赵国地处北方，一直受到游牧民族骑兵的侵扰，赵武灵王为此苦恼不已。他想学习游牧民族的骑射，但是当时中原人习惯穿宽大的衣裳，也没有穿裤子的习惯。所以赵武灵王改革服饰，有裆的裤子这才被引进到中原，人们有了可以外穿的裤子。

你知道吗？

目前，中国历史最悠久的合裆裤是在新疆吐鲁番洋海墓地出土的。中国服饰研究专家对其进行碳十四测年法的测定，发现这条合裆裤距今约有3000年的历史了。

3000年前的宝贝

衣服上的神兽们

明代官员的赐服

都到俺的瓶子里来。

流行年代：

明代　　　清代

明代还有一类以动物纹样装饰的特殊官服，叫作"赐服"。顾名思义就是做了让皇帝开心的事，皇帝赏赐的官服，这可是极大的恩宠和荣耀。

开心

还不快快谢恩！

明代的赐服以这三种最为高级：

▼

蟒服

蟒原本指的是大蛇，但是蟒服上蟒的造型几乎和龙一样，只是龙有五个爪子，而蟒只有四个爪子。

五爪龙纹只有皇帝和皇亲才可以穿。

四爪的蟒服则赏赐给大臣们。

飞鱼服

明代人说的飞鱼可不是会飞的鱼，而是一种龙头、鱼尾，有翅膀的神话动物。

飞鱼也是四爪，常以水波纹为背景。

斗牛服

斗牛的两个弯曲的角像是牛角，也有四个爪子。

这里的斗牛可不是凶巴巴的西班牙斗牛，而是指天上的"斗宿"和"牛宿"两个星宿。牛宿六星的形状像牛角，古时候称为"牵牛"。

你知道吗？

蟒服、飞鱼服、斗牛服之间有级别高低吗？

当然了，虽然同为赐服，蟒服的级别是最高的，飞鱼服次之，而斗牛服又要次于飞鱼服。

1
蟒服
飞鱼服
斗牛服

流行年代：　明代　　清代　　民国

补服是明清时期官员们日常上朝、办公时穿的服装。因为前后都有一块方方正正的"大补丁"，所以称为"补服"。按照文武官员的品级不同，装饰在官服"补子"上的图案纹样也各不相同。

安排上了

补服在明代也不是一开始就有的。

莫非还有什么机缘巧合？

那是我一手推动的。

朱元璋

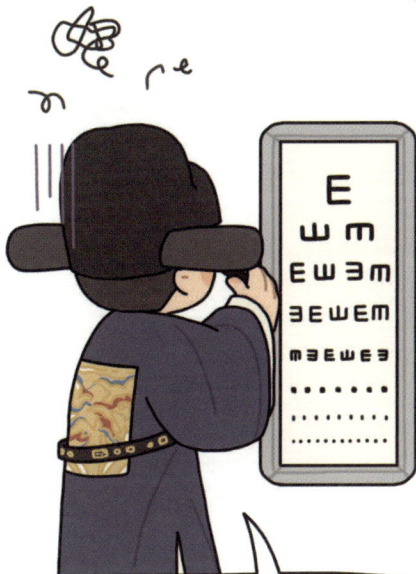

难道当官还要考验视力吗？

当时朱元璋为了加强对尊卑、礼仪的管理，对不同级别的官员在行为准则上有不同的规定。比如在路上，品级低的官员见到比自己品级高的官员要避让。

但是，明代初期官员平时穿的公服、常服只是根据品阶分成了三种颜色，用于区别官职的腰带和衣料的图样大老远实在很难分得清。

是时候展示我的魅力了。

所以，补子在这样的现实需求下出现了。

你知道吗？

补子上都是动物的纹样，那文官和武官的动物纹样有什么不同吗？

他们用的可是完全不同的动物哦。文官用的是飞禽，一品文官穿的就是仙鹤补服；而武官用的则是走兽，一品武官穿的是麒麟补服。

· 飞禽

寓意文采斐然。

· 走兽

象征勇猛果敢。

流行年代 ：

开元、天宝年间

唐代

唐玄宗

就是我当皇帝那些年。

胡帽俊俏别致，轻巧利落。在唐代开元、天宝年间，女子骑马出行时喜欢佩戴胡帽。

我记得你们喜欢戴帷帽啊？

我们是善变的时尚弄潮儿。

胡帽是指北方少数民族佩戴的帽子。随着丝绸之路的兴盛，胡帽在唐代也随着胡乐、胡服等一起传入中原。

我们来啦！

胡帽只是一个泛称，它的样式有很多。

▼

比如浑脱帽，唐代开国功臣长孙无忌就是浑脱帽的忠实爱好者呢。

思考

帽柜

长孙无忌

让我看看今天戴哪一顶。

还有 尖顶帽 和 卷檐虚帽，很多西域来的舞者就会戴这两种帽子。为了增加舞蹈效果，他们还会在帽子上装饰铃铛、珠子等，舞动起来时叮当作响，表现出浓浓的西域风情。

时尚大唐

第 N 期

No.1

我们怎么被除名了？

安禄山

我错了……

胡帽

胡服

胡帽流行的时间很短，在安史之乱之后，唐人就不爱戴胡帽了，你知道是什么原因吗？

因为天宝末年的安史之乱发生后，国家陷入战争和分裂，胡汉矛盾激化，胡服、胡帽这些和胡人相关的服饰一下子从时尚的云端跌落下来。在当时，如果大街上还有人戴着胡帽，可能都会引得路人向他扔石头和臭鸡蛋。

脑袋上的"大辣翅"

大拉翅

我戴的叫大拉翅，我吃的是大辣翅。

呜呜呜……

📜 **流行年代**：

晚期

清代

大拉翅是清代晚期在<u>满族以及宫廷</u>中流行的一种女子头饰，像一个扇形的头冠。大拉翅一般用铁丝做成骨架，外边包上黑色缎子或绒布，再点缀上花朵或者金银饰品。

头上戴着这个，她们不累吗？

在入关前，满族妇女是将辫子编起来盘在头上的。

清代早期，宫廷里的嫔妃们喜欢梳小两把头，小两把头是用本人头发梳成的，所以戴不了多少金银首饰。

那就戴点儿花装饰一下好了。

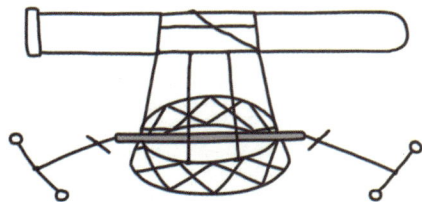

清代中期，出现了一种新的梳头工具——发架，发架有些是用木头做的，有些是用铁丝拧成的。梳头时，先固定头座，再放上发架，把头发分成左右两把，交叉绾在发架上，这样各种珍宝首饰就可以戴在头上了。

原来内有乾坤！

清代晚期，大拉翅就闪亮登场啦！各种头花、流苏、珠宝等都被装饰在大拉翅上，显得富丽堂皇。

闪亮登场

你知道吗？

我们来看一下戴着大拉翅的清宫女子的背影，这个部分叫什么呢？

这是"燕尾"，也叫"雁尾"，是一种脑后发式。这款发型始于明代，远远望过去像是燕子的尾巴，因此而得名"燕尾"。一个心灵手巧的女孩，做出来的燕尾整体应该是非常饱满的，表面光滑整洁，轮廓也是流畅自然的。

满族女子的高跟鞋

花盆底鞋

📜 **流行年代**：

清代　　　　　　　民国

真的很像哎!

　　花盆底鞋又叫"旗鞋"，是满族妇女穿的一种高木底绣花鞋。花盆底鞋以木头为底，做成梯形的样子，因为看着像花盆，所以得了这么一个有趣的名字。

花盆底鞋的木头部分要包裹上白布、丝绸，或者刷上白漆，总之不能露出木色，有钱人还会在鞋跟上镶嵌各种珠宝。鞋面就用布或者绸缎来做，绣上各种花开纹饰，也会用珠宝翠玉来点缀。一般满族贵族女子到了十三四岁就开始穿花盆底鞋了。

这走路都是技术活儿啊！

众说纷纭啊……

花盆底鞋为什么满族妇女要穿花盆底鞋呢？

1 花盆底鞋搭配各式旗装时，能显得女子身姿颀长、亭亭玉立，走起路来仪态万千，婀娜多姿。

2 传说，过去满族妇女上山劳动的时候为防蛇虫叮咬和鞋袜被泥浸湿，就在鞋底绑上木块，后来发展为花盆底鞋。

3

传说在很早以前的一次战争中，满族的先民为了渡过泥塘，夺回城池，就学着白鹤的样子，在鞋上绑了高高的树杈子，最终顺利渡过泥塘取得胜利。为了让满人记住高脚木鞋的功劳，妇女们便穿上了这种鞋。

你知道吗？

花盆底鞋的鞋跟有多高呢？

鞋跟一般高 5 至 10 厘米，夸张的还有 20 多厘米呢。

高 VS 花

对战

哇，这鞋跟与现代高跟鞋的，不相上下哦。

流行年代：

明代　　　　　　清代

在朱棣当皇帝的明永乐年间，他确定下来皇帝日常佩戴的冠就是翼善冠。翼善冠一般由木头或者竹条做成帽胎，再蒙上乌纱制成。

我就是潮流的引领者。

翼善冠的结构是怎么样的呢？

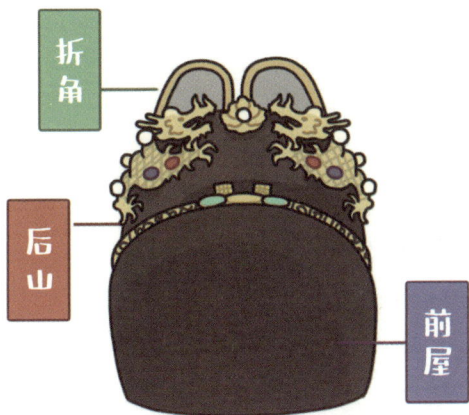

折角

后山

前屋

翼善冠由三个部分组成，前面的帽壳部分叫"前屋"，前屋后面部分叫"后山"，后山上面有着两个像兔耳朵的折角。冠上还有两条龙，是二龙戏珠的纹饰。

"翼善冠"为什么叫作呢？

　　因为帽子后面的这一对"翅膀"。官员乌纱帽的翅膀是向外平着展开的，但翼善冠的翅膀是向上折起来的，整个帽子看起来像一个"善"字，所以才有了这个名字。

还是"象形"帽呢！

翼善冠的发展历程

唐代幞头

唐代男子流行头戴软脚幞头，身穿圆领袍服。

宋代直脚幞头

宋代出现了搭配官员公服的直脚幞头。

折角向上的翼善冠

明代乌纱帽

朱元璋极力恢复唐宋时期汉人的服制。明代官员的公服圆领袍搭配的是乌纱帽。

你知道吗？

明代皇帝只戴乌纱做的翼善冠吗？有没有金丝做的呢？

在出土的文物中确实有一件金丝翼善冠。相传，这是专门给明神宗陪葬而定制的 明器 ，皇帝日常佩戴的还是乌纱做的翼善冠。

神宗专用

miǎn guān
冕冠 01

冕服 09

进贤冠 05

冕服 09

蔽膝 13

fú
直脚幞头 21

顾姑冠 17

抹额 25

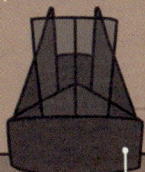

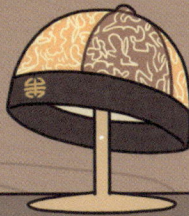

索引

马褂 33

翼善冠 69

胡帽 57

鱼符 41

明代官员的赐服 49

明代补服 53

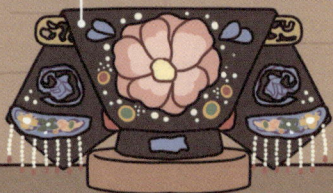
大拉翅 61

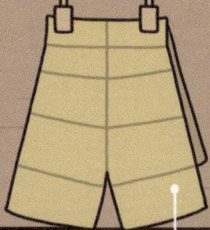

马面裙 29

合裆裤 45

qū jū
曲裾 37

花盆底鞋 65

接下来，请家长帮助小朋友剪下问题卡片，
让我们开启"你问我答"的游戏之旅吧！

乙

难度 ★★★★★★★

古代最尊贵的礼冠是什么?

甲

难度 ★★★★★★★

冕冠上最多有多少颗珠子?

丙

难度 ★★★★★★★

冕冠上垂下来的两个小球叫什么?

丙

难度 ★★★★★★★

我国汉代士以上阶层的男子在几岁时会举行冠礼呢?

甲

难度 ★★★★★★★

汉代文官和武官分别佩戴什么冠呢?

丁

难度 ★★★★★★★

进贤冠上的梁代表着什么呢?

流淌的中华文明史

答案：充耳

流淌的中华文明史

答案：288

流淌的中华文明史

答案：冕冠

流淌的中华文明史

答案：官职品级和身份

流淌的中华文明史

答案：进贤冠，武冠

流淌的中华文明史

答案：二十岁

乙

难度 ★★★☆☆☆☆

古代皇帝的冕服通常是在什么重大活动时穿的呢？

丁

难度 ★☆☆☆☆☆☆

冕服的上衣是什么颜色的？

丁

难度 ★☆☆☆☆☆☆

冕服的下裳是什么颜色的？

甲

难度 ★★★★☆☆☆

蔽膝这种服饰又叫什么呢？

超

难度 ★★★★★★☆

"蔽膝"的"蔽"是什么意思呢？

甲

难度 ★★★★☆☆☆

元代，顾姑冠是哪个民族的女子专用的帽子呢？

流淌的中华文明史

答案：赤红色偏微黄

流淌的中华文明史

答案：黑色

流淌的中华文明史

答案：祭祀活动

流淌的中华文明史

答案：蒙古族

流淌的中华文明史

答案：遮挡

流淌的中华文明史

答案：戤、铧

难度 ★★★★★★★

顾姑冠可以互相借用佩戴吗?

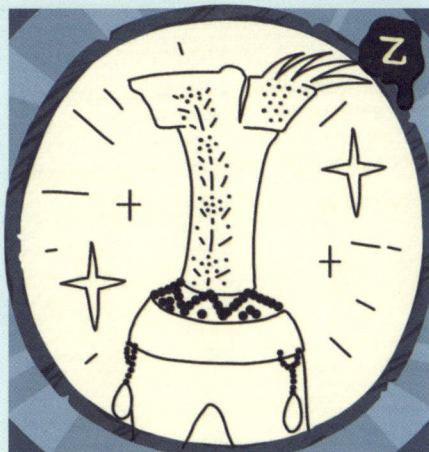

难度 ★★★★★★★

顾姑冠主要是未婚的姑娘
佩戴还是已婚的妇女佩戴呢?

难度 ★★★★★★★

宋代的官帽叫作什么呢?

难度 ★★★★★★★

直脚幞头左右展开的两个
脚是用什么来制作的呢?

难度 ★★★★★★★

抹额是男子用的还是女子
用的呢?

难度 ★★★★★★★

抹额是装饰在身体哪个部
位的呢?

流淌的中华文明史

答案：直脚幞头

流淌的中华文明史

答案：已婚妇女

流淌的中华文明史

答案：不能

流淌的中华文明史

答案：头部，系在额头上

流淌的中华文明史

答案：都能用

流淌的中华文明史

答案：铁丝或者竹篾，外面再蒙上黑纱

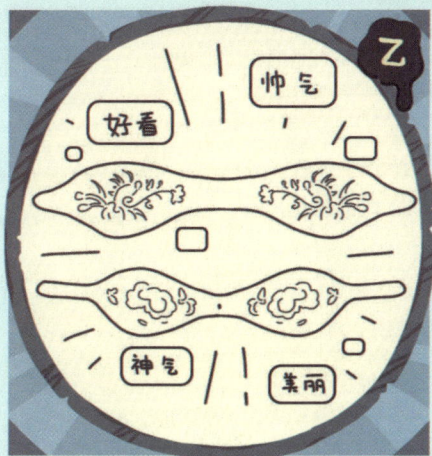

乙

好看　帅气

神气　美丽

难度 ★★★★☆☆☆

抹额除了好看、神气，早期有什么实用功能吗？

丙

难度 ★☆☆☆☆☆☆

马面裙是中国古代哪个民族女子的主要裙式之一呢？

甲

难度 ★★★★☆☆☆

马面裙是由几块布重叠缝在一起的呢？

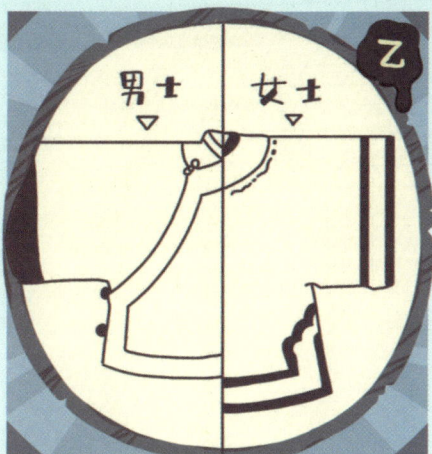

乙

男士　女士

难度 ★★★☆☆☆

马褂是男士服装还是女士服装？

超

难度 ★★★★★★☆

马褂的基本样式有哪些呢？

甲

难度 ★★★★☆☆

马褂可以有各种颜色，但哪一种颜色不能随便乱穿？

流淌的中华文明史

流淌的中华文明史

流淌的中华文明史

流淌的中华文明史

流淌的中华文明史

流淌的中华文明史

答案：两块

答案：汉族

答案：吸汗、保暖、束发

答案：黄色

答案：对襟马褂、大襟马褂、琵琶襟马褂

答案：男女都可以穿

难度 ★★★★★★

丁

曲裾是哪个时代流行的服饰呢？

难度 ★★☆☆☆☆

丙

从哪个朝代开始，有裤裆的裤子开始流传到民间？

难度 ★★★★★★

超

隋唐时期，朝廷颁发给官吏的"身份证"是什么？

难度 ★☆☆☆☆☆

丙

鱼符有几片呢？

难度 ★★★★★☆

甲

唐代以前的兵符是什么？

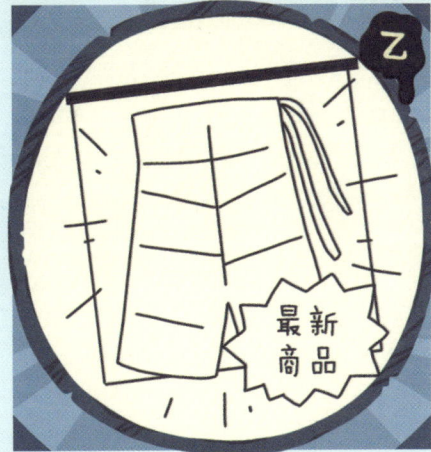

最新商品

难度 ★★★☆☆☆

乙

中原地区最早引进合裆裤的是战国时期的哪个国家？

流淌的中华文明史

答案：鱼符

流淌的中华文明史

答案：汉代

流淌的中华文明史

答案：周代至汉代

流淌的中华文明史

答案：赵国

流淌的中华文明史

答案：虎符

流淌的中华文明史

答案：两片

难度 ★★☆☆☆☆

为什么游牧民族比汉族早发明合裆的裤子？

难度 ★★☆☆☆☆

明代时，用动物纹样装饰的特殊官服叫作什么？

难度 ★★★☆☆☆

明代的飞鱼服上的图案是什么？

难度 ★★★★☆☆

明代蟒服上的蟒有几个爪子呢？

难度 ★★★☆☆☆

明代官员日常上朝、办公时穿的是什么服装？

难度 ★★★★★☆

补服是明代哪个皇帝一手推动的？

流淌的中华文明史

答案：一种龙头、鱼尾，有翅膀的神话动物。

流淌的中华文明史

答案：赐服

流淌的中华文明史

答案：他们经常骑马，合裆裤可以保护屁股。

流淌的中华文明史

答案：朱元璋

流淌的中华文明史

答案：补服

流淌的中华文明史

答案：四个

难度 ★★★★★★★

明代文官和武官补服上的动物纹样有什么不同吗？

难度 ★★★★★★★

从哪个事件之后，唐人就不爱戴胡帽了？

难度 ★★★★☆☆

唐代的胡帽是男子还是女子佩戴的帽子呢？

难度 ★☆☆☆☆☆☆

大拉翅是哪个朝代宫廷女子喜爱的头饰呢？

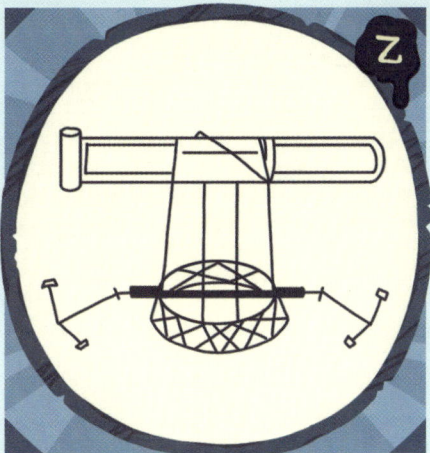

难度 ★★★★☆☆

清代中期，出现了一种新的梳头工具，叫作什么呢？

难度 ★★★★★★★

清代早期，宫廷里的嫔妃们喜欢梳什么发型呢？

流淌的中华文明史

答案：男子女子都能佩戴

流淌的中华文明史

答案：安史之乱

流淌的中华文明史

答案：文官用飞禽，武官用走兽

流淌的中华文明史

答案：小两把头

流淌的中华文明史

答案：发架

流淌的中华文明史

答案：清代

甲

难度 ★★★★★☆

清代的花盆底鞋还有个别称，叫什么呢？

丙

难度 ★★☆☆☆☆

花盆底鞋的底部是用什么材料做的呢？

乙

难度 ★★★☆☆☆

花盆底鞋的鞋跟一般有多高呢？

丁

难度 ★☆☆☆☆☆

明代的翼善冠由哪三个部分组成？

甲

难度 ★★★★☆☆

翼善冠是明代哪个皇帝确定下来作为皇帝日常佩戴的冠？

超

难度 ★★★★★★

为什么这顶帽子叫作"翼善冠"呢？

流淌的中华文明史

答案：5 至 10 厘米

流淌的中华文明史

答案：木头

流淌的中华文明史

答案：旗鞋

流淌的中华文明史

答案：整个帽子看起来像个"善"字

流淌的中华文明史

答案：朱棣

流淌的中华文明史

答案：前屋、后山、折角